ESSAI

SUR DOM RIVET

ET

L'HISTOIRE LITTÉRAIRE DE LA FRANCE,

LU EN SÉANCE PUBLIQUE DE LA SOCIÉTÉ DES ANTIQUAIRES
DE L'OUEST,

PAR M. LECOINTRE-DUPONT.

Un bel et noble usage existait, aux XIe et XIIe siècles, parmi les gens de lettres et les savants : ils ajoutaient à leur nom celui de la ville dont ils avaient fréquenté les écoles, et pour eux, dans leur reconnaissance, la patrie était le lieu où avait commencé leur vie intellectuelle. Ainsi Guillaume de Poitiers, le chapelain et l'historiographe de Guillaume le Conquérant; ainsi Pierre de Poitiers, l'ami et le confident de Pierre le Vénérable, nés, le premier à Préaux, en Normandie, le second à Pithiviers, dans l'Orléanais; ainsi les Hugues, les Geoffroi, les Richard, les Philippe de Poitiers, quoique sortis de différentes provinces, avaient tous pris ce nom de Poitiers, en souvenir de la ville où ils avaient été, si je puis m'exprimer ainsi, enfantés aux lettres et aux arts. Il leur semblait qu'un reflet de la célébrité de nos vieilles écoles rejaillissait sur eux, et, par une juste réciprocité,

ils voulaient que l'illustration qu'ils s'acquéraient tour-
nât à la gloire de la ville dont le nom devenait désormais
inséparable du leur.

Cette coutume a cessé d'exister, mais les écoles de
Poitiers n'ont point cessé de donner à la science de glorieux enfants. Permettez-moi de vous entretenir un moment d'un de ces élèves de nos écoles. Comme nous, bien
plus que nous, il avait voué son existence aux études
historiques. Il avait commencé à Poitiers même d'élever
à la gloire de la France un monument d'érudition qui se
continue encore de nos jours. Ce travail immense occupa
pendant plus de trente années presque tous les moments
que la prière, la méditation et des œuvres de charité mul-
tipliées ' lui laissèrent libres au fond du cloître. Sa biographie sera donc l'histoire de son ouvrage ; et si je puis
vous faire apprécier convenablement l'Histoire littéraire
de la France, je vous aurai fait connaître dom Rivet.

Vers la fin de l'année 1701, un jeune homme de
Confolens, qui suivait au collége des Jésuites de Poitiers
les cours de philosophie, entrait dans l'église de l'abbaye
de Saint-Cyprien, et jurait, dans l'ardeur d'une pieuse reconnaissance, de consacrer sa vie tout entière à la réli-
gion et à la science. Il venait d'échapper à une mort
presque certaine ; car, tombé de cheval à la chasse, il

' Il ne voyait rien d'impossible lorsqu'il était question de rendre ser-
vice.... Jamais homme n'a porté à un plus haut degré l'amour pour les
pauvres et pour les affligés. Il était tout à la fois leur père, leur ami,
leur protecteur. Ces sentiments de tendresse ne se bornaient pas à une
compassion stérile, il trouvait dans une charité ingénieuse mille moyens
de les secourir, etc. *Éloge de D. Rivet, par D. Taillandier.*

avait été longtemps traîné, le pied dans l'étrier, au milieu des broussailles et des rochers qui bordent le cours du Miosson; et, après ce danger, le premier mouvement de son cœur avait été d'épancher sa reconnaissance pour le Dieu qui avait sauvé ses jours. Deux ans et demi plus tard, le 25 mai 1704, le jeune Antoine Rivet recevait l'habit de l'ordre de Saint-Benoît dans l'abbaye de Marmoutiers. Le 27 mai de l'année suivante, il faisait profession. Puis, après quelques années passées à Saumur, dans le monastère de Saint-Florent, où, affilié à une académie théologique, il avait puisé, dans l'étude approfondie de l'Ecriture et des Pères, dans la discussion des preuves de la religion et dans l'examen de ses beautés et de son admirable économie, le goût et l'habitude de cette judicieuse critique qui devait distinguer ses ouvrages, il revenait en 1716 dans l'abbaye de Saint-Cyprien. C'est de cette époque que datent ses premiers travaux historiques connus. Il avait été envoyé à Poitiers pour recueillir les matériaux d'une histoire de nos évêques et d'une bibliothèque des auteurs du Poitou. Le plan qu'il dressa pour ce dernier ouvrage lui fit concevoir l'idée d'un travail bien plus étendu, d'un travail qui embrassât tous les âges et tous les monuments de la littérature en France, et il commença dès lors à rassembler sans relâche les éléments de l'Histoire littéraire de la France, dont le premier volume toutefois ne parut qu'en 1733.

Cet ouvrage de dom Rivet, on l'a dit avant nous, est l'histoire de l'esprit, du goût et du génie de la nation. C'est donc avec bonheur que nous pouvons revendiquer pour notre province et le livre et l'auteur; car, outre que celui-ci était originaire d'une famille de Niort, et était né dans la partie de la ville de Confolens qui dépendait du diocèse de Poitiers, ce fut à Poitiers même qu'il conçut et commença de réaliser le projet de l'Histoire littéraire de la France, pendant le séjour d'un an qu'il y fit, en 1716 et 1717. Lui-même nous en fournit la preuve : *Un travail assidu de dix-neuf ans, écrivait-il en 1735, joint aux secours étrangers que nous avons déjà reçus et que nous pourrons encore recevoir, nous a procuré des provisions assez considérables pour que notre espérance, soutenue par le bénéfice du temps, ne puisse pas passer pour téméraire, autant toutefois qu'il est permis de compter sur le lendemain* [1]. Parmi ces secours étrangers, plusieurs lui étaient venus de MM. l'abbé Gilbon, doyen de la faculté de théologie de Poitiers, et Mayaud, professeur de droit en la même ville [2]. Les supérieurs de D. Rivet l'avaient appelé à Paris en 1717, pour travailler, avec quelques autres religieux, à une histoire des hommes illustres de l'ordre de Saint-Benoît, et il avait dû renoncer à la bibliothèque des auteurs du Poitou et à l'histoire des évêques de Poitiers. Ce nouvel ouvrage n'eut point non plus d'exécution, et D. Rivet, maître de ses loisirs, put faire goûter à ses supérieurs le projet de travail qu'il avait lui-même conçu, et tourner à son profit les études qu'il avait entreprises et les matériaux qu'il avait réunis pour les ouvrages avortés.

Heureux eût été D. Rivet s'il se fût alors, comme il le fit plus tard, uniquement borné à ses études favorites, au lieu de se lancer dans les querelles théologiques du temps ! En 1723, il se rendit éditeur du Nécrologe du Port-Royal, composé par la mère Angélique Arnaud d'Andilly et au-

[1] Avertissement en tête du tome II de l'Histoire littéraire de la France, p. VI.

[2] Préface du tome I, p. XXXI.

tres religieuses de cette maison, et il enrichit même d'une longue préface et de quelques articles ce volume, qui, sorti des presses de la veuve Vaultier, de Rouen, parut, comme presque tous les ouvrages suspects de cette époque, avec le nom d'Amsterdam.

Cet appui prêté à une cause en défaveur lui attira une prompte disgrâce. Il avait demandé son transfert de la maison des Blancs-Manteaux dans l'abbaye de Saint-Germain-des-Prés, dont la riche bibliothèque offrait pour ses travaux des secours inappréciables. On lui répondit en le reléguant dans le monastère de Saint-Vincent du Mans, l'année même de la publication du Nécrologe. Vainement, en 1728 ou 1729, il sollicita près du procureur général de son ordre l'autorisation de retourner à Paris afin de surveiller l'impression du premier volume de l'Histoire littéraire; cette autorisation ne lui fut point donnée; on craignit qu'il ne redevînt dans la capitale un des champions du Jansénisme. Il fut moins heureux encore dans une nouvelle demande adressée à dom Guyon, assistant du procureur général, pour être soumise au chapitre de la congrégation de Saint-Maur, séant à Marmoutiers. Sa lettre fut trouvée dans les papiers de dom Guyon, saisis par ordre de l'intendant de Tours. On la déféra au cardinal de Fleury, et on lui fit entendre que dom Rivet ne songeait à se rendre à Paris que pour publier un ouvrage contraire aux doctrines orthodoxes.

Grâce au désintéressement de M. Cardin, notre bibliothèque publique possède la lettre autographe que dom Rivet écrivit au cardinal-ministre pour exposer le but du voyage qu'il souhaitait faire, et se défendre de prendre part aux controverses religieuses du temps. Je dois à l'obligeance de M. David de Thiais, qui m'a fait connaître ce précieux document, de pouvoir vous en citer quelques passages.

« La lettre dont il s'agit, Monseigneur, disait D. Rivet,
» est écrite à D. Jean-Baptiste Guyon, assistant de notre
» procureur général, et a été enlevée avec d'autres pa-
» piers, le 19 de ce mois, par M. l'intendant de Tours.
» J'y prie le procureur assistant de m'obtenir du chapitre
« général la permission de faire un voyage à Paris, *afin*
» *de commencer à faire imprimer mon ouvrage que le public*
» *attend avec impatience.*

» Ces termes, Monseigneur, ne sont point équivoques.
» Ils excluent manifestement toute idée d'ouvrage sus-
» pect, et désignent clairement un ouvrage connu du
» chapitre, dont la plupart des membres qui le com-
» posent ont lu le projet, et annoncé au public, puis-
» qu'il l'attend avec impatience, comme plusieurs sa-
» vants me l'ont marqué par leurs lettres.

» Ce n'est donc point, Monseigneur, un ouvrage sur
» les matières du temps pour l'impression duquel j'ai
» sollicité auprès de notre chapitre la permission de faire
» un voyage à Paris, après que notre procureur général
» me l'avait refusée en me renvoyant à ce même chapitre.
» On ne demande point cette sorte de permission pour
» des ouvrages de cette nature, et l'on se donne encore
» plus de garde de les annoncer au public. Mais c'est
» pour commencer à imprimer l'Histoire littéraire de la
» France, à laquelle je travaille assidûment depuis
» quinze ans, et qui ne me laisse pas un moment pour
» travailler sur d'autres sujets, dont je me sens d'ailleurs
» très-incapable.

» Il n'en faut pas davantage, Monseigneur, pour dé-
» truire la fausse interprétation de ma lettre qu'on a

» voulu donner à Votre Eminence. J'ose même espérer
» que Dieu, qui sait tirer du mal un plus grand bien, fera
» tourner à mon avantage ce que les hommes ont tâché
» de faire servir à ma perte. Oui, Monseigneur, j'espère
» que, bien loin que Votre Eminence conçoive la moindre
» indignation contre moi, elle m'honorera au contraire
» de quelques sentiments de bienveillance, en voyant
» que, comme un bon citoyen, je m'occupe selon mes pe-
» tits talents à ce qui peut servir à la gloire de la nation
» et au bien de l'Etat auquel elle consacre elle-même ses
» glorieux travaux. »

Nous ignorons quelle fut la réponse du cardinal; mais ce que nous savons, c'est que D. Rivet resta dans le monastère de St-Vincent. Il devait y terminer sa carrière. Dans cette espèce d'exil, il trouva, du moins, parmi ses confrères, de zélés collaborateurs. Dom Joseph Duclou, dom Maurice Poncet, dom Jean Colomb, et plus tard dom Jean-Baptiste Tennes, l'aidèrent à recueillir les matériaux qu'il mettait lui-même en œuvre sur les extraits et les notes fugitives fournis par ces confrères; et lorsqu'à l'âge de 65 ans. D. Rivet fut enlevé aux lettres, déjà huit forts volumes in-quarto avaient paru; le neuvième était prêt pour l'impression, et de nombreux matériaux qui, entre les mains des continuateurs actuels de l'Histoire littéraire, trouvent encore aujourd'hui leur emploi, avaient été réunis par ces laborieux bénédictins.

Entrons maintenant dans quelques rapides détails sur le plan et l'exécution de l'ouvrage.

En tête de l'Histoire littéraire de la France est un discours sur l'état des lettres et des arts dans les Gaules pendant les siècles qui ont précédé la naissance de Jésus-Christ. Tout ce que les anciens nous ont fait connaître de la civilisation des colonies grecques dans les Gaules, et surtout de la science des druides, y est fidèlement relaté, soigneusement discuté ; aussi les explorations modernes des monuments celtiques, et surtout les découvertes de la philologie, qui ont tant accru le domaine de nos connaissances sur ces temps reculés, ont-elles presque toujours confirmé les opinions de D. Rivet. Qu'il me soit donc permis de recommander, en passant, la lecture de ce discours aux antiquaires qui s'occupent de travaux sur la civilisation, les arts et la religion des Gaulois; ils s'épargneront de bien longues recherches, et peut-être aussi de bien lourdes erreurs.

A partir de la naissance de Jésus-Christ, la série des notices sur les écrits de chaque siècle s'ouvre également par un précis sur l'état des lettres pendant cette nouvelle période, sur le goût et le génie particulier à ce siècle, sur les branches de la littérature et des arts qui y ont été spécialement cultivées, sur les anciennes écoles qui ont alors fleuri, sur les procédés de propagation et de reproduction des livres, sur les bibliothèques dont le souvenir est parvenu jusqu'à nous, enfin sur les ouvrages qui ne sont connus que par des mentions empruntées à d'anciens écrivains, quand les notions que nous avons sur ces ouvrages n'ont pas paru suffisantes pour mériter des notices particulières. Le discours préliminaire placé en tête du xiie siècle, dans le neuvième volume, est le chef-d'œuvre de l'érudition de D. Rivet. Il n'occupe pas moins de 225 pages in-quarto; et, sans les bornes qui me sont imposées, j'en aurais extrait l'éloge des écoles florissantes qui faisaient, au xiie siècle, l'honneur de notre cité.

Les notices consacrées à chaque écrivain se composent de diverses parties. Voici quelle est en général la division des notices d'une certaine importance : la première partie offre la biographie même de l'auteur ; la seconde, un sommaire et une analyse raisonnée de ses écrits, avec la discussion de leur authenticité ; la troisième, un catalogue critique des éditions de ses œuvres, ainsi que des commentaires et des scolies dont elles ont été l'objet ; la quatrième, une liste de ses ouvrages perdus ou restés manuscrits ; la cinquième, une appréciation de son génie littéraire, de ses doctrines, de sa manière d'écrire. Le nombre de ces notices sorties de la main de D. Rivet s'élève jusqu'à 321, et dans ce nombre ne sont même pas compris au moins cinquante précis des actes des conciles et des synodes religieux et politiques tenus dans les Gaules jusqu'au commencement du xiiᵉ siècle, époque à laquelle les travaux du savant bénédictin avaient conduit l'Histoire littéraire de la France au moment où il mourut.

Les critiques ne manquèrent point à l'Histoire littéraire de la France. Elles trouvèrent D. Rivet sensible, trop sensible peut-être, mais elles ne purent le faire dévier du plan qu'il s'était invariablement tracé. A peine le premier volume était-il publié, Voltaire, en écrivant à Cideville, laissait tomber cette boutade contre les bénédictins : *Je me promets bien de ne jamais lire leur Histoire littéraire de la France.* Un des détracteurs de l'ouvrage, qui certainement ne l'avait pas lu non plus, l'accusait de n'être qu'un catalogue insipide de noms propres et d'écrits d'auteurs plus ou moins barbares, la plupart peu connus et peu dignes de l'être. — A quoi bon, disait un troisième, qui aurait voulu sans doute que l'Histoire littéraire ressemblât à une géographie où l'on ne parlerait ni de Paris ni de Londres, sous prétexte que ces villes sont bien assez connues, à quoi bon grossir un tel ouvrage de notices sur des Pères de l'Eglise, sur des écrivains ecclésiastiques célèbres que des publications antérieures ont déjà mis suffisamment en lumière? — Pourquoi, écrivait au contraire un quatrième critique, analyser et discuter les écrits d'un tas de mauvais auteurs des temps les plus reculés : comme si, pour être complète et sincère, l'histoire de l'esprit humain et des révolutions de la république des lettres, aux différents siècles, ne devait pas se composer de l'appréciation des écrivains bons et mauvais que la France a produits? — Enfin, disait avec plus de vérité un cinquième censeur, *l'ouvrage est d'un travail immense ; il paraît au-dessus des forces de l'humanité. Sa seule idée fait frémir la paresse humaine; il exige des connaissances étendues, et l'on a d'abord de la peine à se persuader que les auteurs viendront à bout de leur dessein.*

Dom Rivet avait foi dans son œuvre et dans le sentiment d'amour national qui le lui avait inspiré. Il avait foi dans la perpétuité de son ordre, qui depuis mille ans et plus rendait aux lettres et à la gloire de la France de si excellents services, et il entrevoyait dans ses confrères de la congrégation de St-Maur de dignes continuateurs de ses travaux. Effectivement, lorsqu'il eut succombé, le 7 février 1749, à une maladie que l'excès du travail et des austérités avait rendue mortelle, son décès ne ralentit point la publication de l'Histoire littéraire de la France. Le neuvième volume parut l'année même de sa mort, par les soins de son confrère et ami dom Taillandier, qui mit en tête un éloge du savant bénédictin, éloge aussi remarquable par le style qu'admirable par le sentiment [1]. Les tomes x et xi furent publiés à leur tour en 1756 et 1759.

[1] Cet éloge de D. Rivet nous a été d'un grand secours pour ce travail. Nous avons également consulté avec fruit les notices sur le savant béné-

Les supérieurs de la congrégation de St-Maur avaient confié la continuation de l'Histoire littéraire de la France à l'un des hommes les plus distingués que l'ordre de Saint-Benoît ait comptés dans son sein, à dom Clémencet, l'auteur de la 1re édition de l'Art de vérifier les dates. Ce fut lui qui rédigea en grande partie les tomes x et xi; mais ses goûts l'entraînaient vers les discussions théologiques; il faisait marcher de front la rédaction et la publication de volumineux ouvrages de controverse religieuse avec l'Histoire littéraire, que l'obéissance, comme il nous l'apprend lui-même, lui avait imposée. Absorbé par ces préoccupations étrangères, il fit vivement sentir combien dom Rivet était difficile à remplacer. Ce n'est plus la même gravité dans le style, la même autorité dans la critique, la même précision dans les détails. Dom Clémencet s'est même permis de rétrécir le plan de dom Rivet, en retranchant beaucoup de noms qui auraient trouvé place dans le cadre primitif [1].

Dom Clément, qui lui succéda, sut respecter davantage le plan qu'il lui était donné de remplir. De tous les continuateurs de dom Rivet, il est sans contredit celui qui s'est le plus inspiré de son esprit, qui a le mieux

dictin insérées par D. Clémencet dans l'Histoire littéraire de la congrégation de St-Maur, par Dreux-Duradier dans la Bibliothèque historique du Poitou, t. v, et par D. Duclou dans le Journal historique de Verdun, mars 1751.

[1] D. Clémencet avait composé et fait imprimer à part les articles saint Bernard et Pierre le Vénérable. Ces notices n'ont point été admises par la commission de l'Institut chargée de la continuation de l'Histoire littéraire. La notice sur saint Bernard, par M. Daunou, est, malgré quelques appréciations erronées et certaines opinions hétérodoxes, un des travaux historiques les plus remarquables de ce savant académicien.

rappelé son genre et suivi sa méthode. Les derniers articles du xie volume et le xiie en entier sont sortis de sa
plume, et la rédaction du xiiie était très-avancée quand
ses supérieurs l'enlevèrent à ce travail pour le charger
de la continuation du Recueil des historiens de France.
La congrégation de Saint-Maur avait pensé avec raison
que la publication des textes devait précéder celle des
jugements à porter sur les auteurs.

La continuation de l'Histoire littéraire ne fut point re-
commencée par les bénédictins avant la destruction de
leur ordre en France ; ce fut le gouvernement impérial
qui, en 1807, ordonna la reprise de cet ouvrage et en
confia la rédaction à la troisième classe de l'Institut.

Le vénérable dom Brial alla chercher au Mans les
matériaux rassemblés par les collaborateurs de D. Rivet,
matériaux que M. l'abbé Renouard avait recueillis à la
bibliothèque publique de cette ville, où sont encore con-
servés en partie les manuscrits des premiers volumes de
l'Histoire littéraire de la France de la main de D. Rivet.
La commission de l'Institut, composée de dom Brial, de
MM. Sainte-Croix, Guinguené et de Pastoret, commença
ses travaux le 30 mars 1808. L'année suivante, Sainte-
Croix, décédé, fut remplacé par M. Daunou.

De 1814 à 1842, l'Académie des inscriptions et belles-
lettres a fait paraître les tomes xiii à xx, et elle achève
en ce moment la publication du tome xxi [1]. Ces neuf volumes comprennent à peu près la période comprise entre
les années 1157 et 1280. Dans cette nouvelle série, les
continuateurs de l'Histoire littéraire ont été dom Brial,

---

[1] L'Académie a aussi fait réimprimer les tomes xi et xii, qui manquaient
dans le commerce.

MM. de Pastoret, Guinguené, Daunou, Amaury Duval, Petit-Radel, Emeric David, Fauriel, Paulin Pâris, Félix Lajard, Littré, Victor Leclerc.

Toutefois la part de ces différents académiciens dans la continuation de l'Histoire littéraire de la France est bien loin d'être égale. Le contingent de Daunou seul surpasse les travaux réunis de tous ses collègues. A Daunou donc l'honneur d'avoir été véritablement le successeur de dom Rivet.

Quelle distance cependant semblait séparer ces deux hommes ! L'un s'était donné de lui-même à la vie monastique ; il avait demandé le bonheur à la paix du cloître, et ce bonheur il l'avait trouvé dans la ferveur de sa foi, dans l'accomplissement de sa règle, dans l'étude consciencieuse de la vérité. La méditation des dogmes du christianisme et la pratique de sa morale avaient charmé son âme ; son existence avait été remplie par ses travaux historiques, devenus pour lui des devoirs d'état du moment où ses supérieurs les lui avaient confiés ; ces mêmes travaux lui avaient été rendus plus chers par l'emploi que son ingénieuse charité faisait du produit de ses œuvres, qu'il avait obtenu de consacrer sans réserve à secourir les pauvres, à soulager les affligés ; à peine le calme de sa vie, que n'avaient troublée ni les tourmentes politiques ni les orages du cœur, avait-il été altéré par sa participation momentanée à la polémique religieuse du Jansénisme ; il avait vécu de la vie du plus grand nombre des écrivains du moyen âge ; il avait compris sans effort leur époque, et toujours écho fidèle de la vérité historique, qu'elle fût ou non contraire à ses désirs et à ses sentiments, il avait, dans sa froide et consciencieuse critique, loué sans enthousiasme, blâmé sans haine, jugé sans passion.

Daunou, au contraire, engagé dès l'âge de 16 ans, sans participation de sa volonté, dans l'état religieux, avait violemment brisé ces liens dès que la Révolution avait ouvert devant lui une carrière plus bruyante. Sa voix avait tonné au sein des tempêtes de la Convention nationale. On l'avait entendu, dans nos assemblées législatives, formuler les décrets qui avaient anéanti les derniers débris de l'ordre ancien de la vieille France. On l'avait vu au Vatican cherchant à raviver la République romaine au contact de la démocratie française. Dans ses ressentiments toujours vivaces pour la liberté enchaînée de ses premières années, il avait rejeté jusqu'à sa foi religieuse pour ne garder que les vagues spéculations du déisme. Certes il y avait tout un abîme entre lui et ces siècles passés dont il se faisait juge en jugeant leurs écrivains. *Sur bien des points*, dirons-nous avec M. Victor Leclerc, *un tel homme ne pouvait être impartial, et l'on ne s'étonne pas s'il laisse voir çà et là, dans ses jugements sur la littérature monacale des* XIIe *et* XIIIe *siècles, un reste de colère et quelque chose encore de l'émotion du combat* [1].

Un amour égal de l'étude, une égale connaissance des sources de notre histoire et de notre ancienne littérature, tels sont les deux seuls points de ressemblance entre D. Rivet et son principal continuateur.

Si le premier, plus calme, plus froid, plus méthodique, plus impartial, satisfait mieux la raison; le se-

[1] Éloge de Daunou, en tête du tome XX de l'Histoire littéraire de la France.

cond, plus hardi dans ses explorations, plus incisif dans sa critique, plus pittoresque dans son expression, plaît davantage à l'esprit. Les notices de l'un reflètent presque toujours la paix du cloître, celles de l'autre se sentent trop souvent des émotions de la tribune politique et des entraînements de la chaire du collége de France. On consulte celles-là avec plus de fruit, on lit celles-ci avec plus d'attrait.

Aujourd'hui, sous la direction de M. Victor Leclerc, la continuation de l'Histoire littéraire de la France paraît devoir réunir les qualités différentes du talent des deux principaux rédacteurs de ses vingt premiers volumes. Cette publication nationale sera toujours, nous l'espérons, à la hauteur de sa mission, et les savants qui mettront la main à cet ouvrage n'oublieront pas que si tout auteur appartenant à la France a droit d'y figurer, il ne doit y avoir cependant de place d'honneur, dans ces archives de la gloire littéraire de la nation, que pour l'écrivain habile qui au titre d'homme de lettres a réuni la qualité d'homme de bien.

POITIERS.— IMPRIMERIE DE A. DUPRÉ.

9 782012 392786